I0106108

SNEAKY PRESS

©Copyright 2023

Pauline Malkoun

The right of Pauline Malkoun to be identified as author of this work has been asserted by them in accordance with Copyright, Designs and Patents Act 1988.

All Rights Reserved.

No reproduction, copy or transmission of this publication may be made without written permission.

No paragraph of this publication may be reproduced, copied or transmitted save with the written permission of the publisher, or in accordance with the provisions of the Copyright Act 1956 (as amended).

Any person who commits any unauthorized act in relation to this publication may be liable to criminal prosecution and civil claims for damages.

A catalogue record for this work is available from the National Library of Australia.

ISBN 9781922641953

Sneaky Press is the imprint of Sneaky Universe.
www.sneakyuniverse.com
First published in 2023

Sneaky Press
Melbourne, Australia.

Il Libro dei Fatti Casuali sul Sonno

Sneaky Press

Contenuti

Perché dormiamo

Abbiamo tutti bisogno di dormire (alla fine i nostri corpi si spegneranno e dormiranno, che lo vogliamo o no), ma i ricercatori non sono ancora sicuri al 100% del motivo. Ci sono due teorie principali - la teoria del ripristino e la teoria evolutiva.

La teoria del ripristino suggerisce che il sonno fornisca il tempo per aiutarci a recuperare dalle attività durante il tempo di veglia che consumano le risorse fisiche e mentali del corpo.

La teoria del ripristino suggerisce che il sonno NREM e REM tendono ad avere diversi effetti riparatori.

Il sonno NREM è considerato importante per ripristinare e riparare il corpo, inclusa la crescita fisica, la riparazione dei tessuti e il recupero, specialmente durante le fasi 3 e 4 del NREM, quando il cervello è meno attivo.

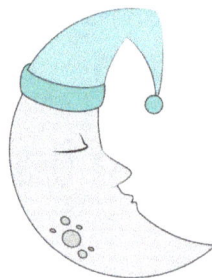

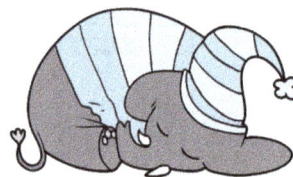

Si ritiene che il sonno REM possa aiutare a formare nuovi ricordi.

La teoria evolutiva suggerisce che il motivo per cui dormiamo sia quello di evitare l'estinzione della nostra specie e migliorare la nostra sopravvivenza.

Si suggerisce che il sonno si sia evoluto per migliorare la nostra sopravvivenza come specie proteggendoci, perché ci rende inattivi durante la parte della giornata in cui è più pericoloso andare in giro.

Secondo questa teoria, una volta che una persona (o animale) ha soddisfatto le proprie esigenze di sopravvivenza, come mangiare, bere, prendersi cura dei propri piccoli eriprodursi, deve passare il resto del tempo risparmiando energia, nascosta e protetta dai predatori.

Mentre dormiamo, non interagiamo con l'ambiente e quindi siamo meno inclini ad attirare l'attenzione di potenziali predatori e finire in situazioni pericolose.

Le fasi del sonno

Durante una tipica notte, sperimentiamo due tipi di sonno molto diversi: il sonno NREM (Non Rapid Eye Movement) e il sonno REM (Rapid Eye Movement).

Ci sono 4 fasi del sonno NREM.

Passiamo circa i 3/4 del nostro tempo totale di sonno nel sonno NREM.

Ci vogliono circa 45-60 minuti per passare attraverso il primo ciclo di sonno NREM dalla fase 1 alla fase 4, prima di tornare gradualmente alle fasi 3 e 2 e poi al sonno REM.

Ogni fase di sonno ha un distintivo modello di attività delle onde cerebrali.

La lunghezza media di un ciclo completo di sonno NREM-REM è di circa 90 minuti.

Man mano che passa la notte, abbiamo sempre più sonno REM.

Fatti casuali sulla fase 1 del NREM

La maggior parte delle persone entra nel sonno attraverso la Fase 1 del NREM.

Il punto in cui ci addormentiamo è chiamato "Inizio del sonno".

La Fase 1 del NREM è indicata dal corpo attraverso una diminuzione del battito cardiaco, della respirazione, della temperatura corporea e dei muscoli che iniziano a rilassarsi.

Man mano che ci addormentiamo, perdiamo gradualmente la consapevolezza di noi stessi e dell'ambiente circostante.

La Fase 1 del NREM rappresenta circa il 4 o 5% del tempo totale di sonno.

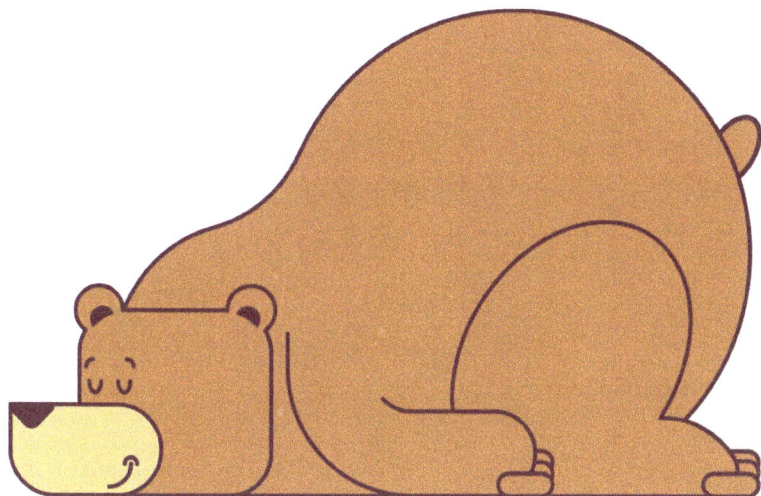

Durante la Fase 1, possiamo essere facilmente svegliati da suoni e contatti, ad esempio da un telefono che squilla o dalla sensazione di una coperta che viene appoggiata sul corpo.

Se ci svegliamo durante la Fase 1, potremmo avere la sensazione di non essere stati addormentati affatto.

Fatti casuali sulla fase 2 del NREM

La Fase 2 del NREM è il momento in cui una persona è considerata veramente addormentata.

La Fase 2 del NREM è un sonno leggero, quindi una persona in questa fase è meno facilmente disturbata rispetto alla Fase 1. È necessario che il telefono squilli forte o che una porta venga sbattuta per svegliare qualcuno da questa fase.

Se svegliati durante la prima metà di questa fase, molte persone riferiscono di non pensare aver dormito davveroma solo di essersi addormentati o di star pensando.

Passiamo circa metà del nostro tempo totale di sonno ogni notte nella Fase 2 del sonno REM.

A circa metà della Fase 2 del NREM, una persona è improbabile che risponda a qualsiasi cosa tranne a rumori o contatti estremamente forti o forti - forse potrebbe bastare una scossa!

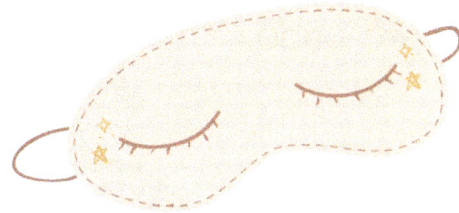

La prima volta che una persona raggiunge la Fase 2, trascorrerà tra 10 e 25 minuti. Questa durata aumenta con ogni ciclo successivo.

Fatti casuali sulla fase 3 del NREM

La Fase 3 del NREM è considerata l'inizio del sonno profondo.

Trascorriamo meno del 10% del nostro tempo totale di sonno nella Fase 3 del NREM.

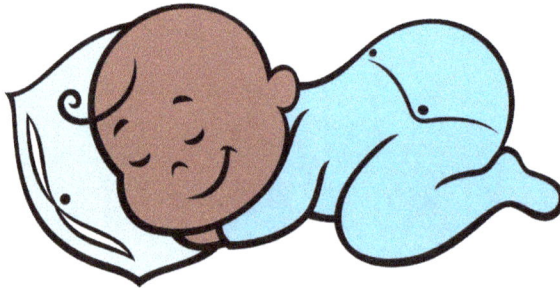

Potrebbe non esserci alcun sonno NREM di Fase 3 durante la seconda metà della notte.

Quando siamo nella Fase 3 del NREM, siamo estremamente rilassati e diventiamo ancora meno propensi a rispondere ai rumori.

È difficile svegliare qualcuno dalla fase NREM 3. Se vengono svegliati, sono disorientati e incapaci di pensare chiaramente in un primo momento.

Fatti casuali sulla fase 4 del NREM

La Fase 4 è la fase più profonda del sonno.

Nella Fase 4 del NREM, il nostro corpo è completamente rilassato e ci muoviamo appena. Il battito cardiaco, la pressione sanguigna e la temperatura corporea sono al loro minimo.

È molto difficile svegliare qualcuno dalla Fase 4 del NREM.

Se qualcuno viene svegliato dalla Fase 4 del NREM, avrà bisogno di alcuni minuti per orientarsi.

Con il passare della notte, il tempo trascorso nella fase 4 del NREM diminuisce e addirittura smette di verificarsi.

In un primo ciclo di sonno, una persona può trascorrere tra 20 e 40 minuti nella Fase 4 del NREM.

Complessivamente, trascorriamo circa il 10-15% del nostro tempo di sonno nella Fase 4 del NREM in una tipica notte.

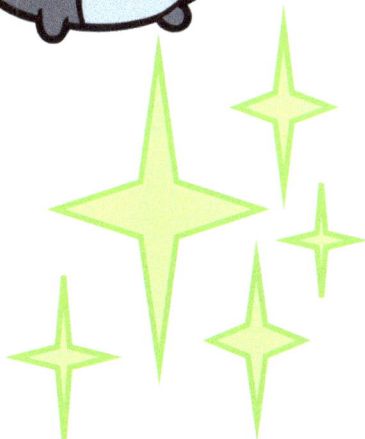

Fatti casuali sul sonno REM

Trascorriamo circa il 20-25% del nostro tempo totale di sonno nel sonno REM.

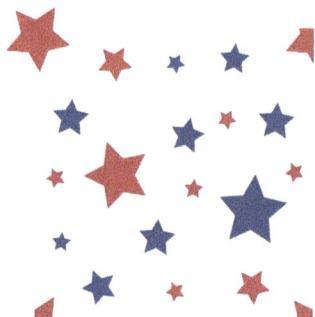

Durante il sonno REM, il modello delle onde cerebrali è simile a quello prodotto durante la veglia, ma il dormiente sembra completamente rilassato.

La prima fase REM che si verifica può durare solo da 1 a 5 minuti, la seconda circa 12-15 minuti, la terza circa 20-25 minuti e così via.

La maggior parte dei sogni si verifica durante il sonno REM.

Man mano che passa la notte, il tempo trascorso nel sonno REM aumenta.

La maggior parte delle persone sogna alcune volte durante la notte, anche se non riescono a ricordare i loro sogni.

Il sonno REM è caratterizzato da movimenti rapidi e improvvisidurante i quali le iridi si muovono rapidamente sotto le palpebre chiuse, avanti e indietro e su e giù.

Fatti casuali sui sogni

Sogniamo sia durante il sonno REM che durante il sonno non-REM.

I sogni che facciamo durante il sonno REM sono di solito più strani di quelli che facciamo durante il sonno non-REM, che tendono a essere ripetitivi.

Oggi, circa il 10% delle persone sogna in bianco e nero - il resto di noi sogna a colori. Prima della televisione a colori, solo il 15% delle persone sognavano a colori.

Le donne sognano uomini e donne in modo equo, mentre gli uomini sognano altri uomini il 70% delle volte.

I sogni sono difficili da ricordare. Dimentichi circa la metà entro 5 minuti dal risveglio e dimentichi circa il 90% dopo altri 5 minuti.

Gli esseri umani trascorrono circa 6 anni della loro vita a sognare.

Non puoi sognare volti che non hai già visto.

Fatti casuali sui disturbi del sonno

Ci sono più di 80 diversi disturbi del sonno divisi in 2 tipi principali.

Le parasomnie includono interruzioni del sonno a causa di eventi correlati al sonno anomali, come camminare nel sonno, digrignare i denti o sogni terrificanti.

Le disomnie includono problemi con il ciclo sonno-veglia, come avere difficoltà a addormentarsi o a rimanere addormentati, non essere in grado di restare svegli o dormire nei momenti sbagliati.

L'insonnia è il disturbo del sonno più comune, con circa il 30% degli adulti che hanno sintomi di insonnia in qualche momento della loro vita.

Il 5-10% degli adulti soffre di insonnia per un lungo periodo di tempo.

Fatti casuali sul sonnambulismo

Il nome scientifico per il sonnambulismo è somnambulismo.

Il sonnambulismo comporta alzarsi dal letto mentre si è ancora addormentati e camminare in giro e può includere anche altre azioni come vestirsi.

Si stima che fino al 15% della popolazione sia sonnambula.

Un sonnambulo di solito tornerà a letto, si sdraierà e continuerà a dormire senza svegliarsi se viene lasciato da solo.

Gli episodi di sonnambulismo possono verificarsi fino a 3 o 4 volte a settimana.

Il sonnambulismo è molto comune nei bambini. Si stima che tra il 10% e il 30% dei bambini abbia avuto almeno un episodio di sonnambulismo e che il 2-3% faccia spesso il sonnambulo.

In genere, un episodio di sonnambulismo dura solo pochi minuti e raramente supera i 15 minuti, ma sono stati registrati casi di sonnambulismo che è durato anche un'ora.

Il sonnambulismo di solito si verifica durante il sonno profondo delle fasi 3 e 4 del NREM.

Fatti casuali sulla privazione del sonno

Quando non dormiamo a sufficienza, sperimentiamo la privazione del sonno.

La privazione parziale del sonno si verifica quando dormiamo meno del normale.

La privazione totale del sonno si verifica quando non dormiamo affatto per un breve o lungo periodo di tempo.

La privazione del sonno influisce sulla nostra capacità di elaborare le nostre emozioni, comprendere le emozioni degli altri e gestire le nostre reazioni emotive.

Il record per il periodo più lungo in cui qualcuno è rimasto senza dormire è di 18,7 giorni.

Quando le persone sono privatedel sonno, possono cadere in un colpo di sonno. Un colpo di sonno è un breve periodo di sonno che dura fino a pochi secondi mentre una persona è sveglia.

La privazione del sonno influenza la nostra capacità di prestare attenzione.

La privazione del sonno può influenzare la nostra capacità di controllare il nostro comportamento, ad esempio comportarsi male o prendere decisioni stupide.

La privazione del sonno è stata associata a tassi più elevati di lesioni fisiche.

La privazione del sonno influisce negativamente sulla velocità e l'accuratezza del pensiero.

Consigli per dormire meglio

Avere un orario regolare per dormire - cioè svegliarsi e andare a letto alla stessa ora ogni giorno (compresi i weekend) - aiuta a dormire meglio.

Evitare attività, conversazioni e pensieri spiacevoli poco prima di andare a letto aiuta a dormire meglio.

Assicurarsi di essere esposti ad abbastanza luce naturale durante il giorno aiuta a mantenere il ciclo sonno-veglia e quindi a dormire meglio.

Fare esercizio durante il giorno, preferibilmente al mattino o almeno 4 ore prima di andare a letto, può aiutare a dormire meglio.

28

Non fare attività che causano molta eccitazione o movimento eccessivo (questo include l'esercizio fisico e i videogiochi) - queste non aiuteranno il sonno, anzi, ti sveglieranno e renderanno difficile addormentarsi.

Fare un pisolino più lungo di 30 minuti o molto vicino all'ora di andare a letto non aiuterà a dormire meglio.

Quando non riesci a dormire, dovresti alzarti dal letto e fare qualcos'altro.

Fatti casuali sul sonno

Dopo la nascita di un bambino, i genitori perdono tra le 400 e le 750 ore di sonno nel primo anno.

Prima dell'invenzione dell'elettricità, le persone dormivano mediamente 9-10 ore a notte.

Oggi, il 30% degli adulti dorme meno di 7 ore a notte.

Le persone hanno più probabilità di addormentarsi alle 2 di notte e alle 2 del pomeriggio rispetto ad altri momenti.

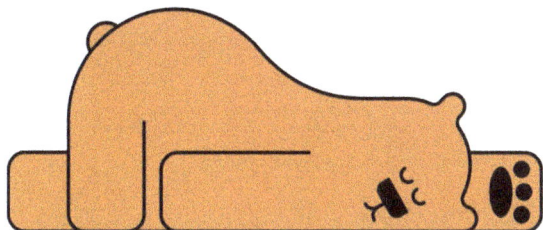

Possiamo russare
solo durante il
sonno NREM.

Quasi tutto ciò che
sappiamo sul sonno è
stato scoperto negli
ultimi 50 anni.

Gli adulti che dormono
regolarmente meno di 7
ore a notte hanno
maggiori probabilità di
ammalarsi rispetto a
coloro che dormono
più di 7 ore ogni notte.

Le esigenze di sonno
cambiano con l'età.
Dalla nascita, la
quantità totale di
tempo trascorso a
dormire diminuisce
gradualmente man
mano che
invecchiamo.

Altri fatti casuali sul sonno

Secondo la NASA (sì, la gente dello spazio), il pisolino perfetto dura esattamente 26 minuti.

Le persone non possono starnutire mentre dormono - è impossibile.

La ricerca ha dimostrato che contare le pecore non è un modo efficace per favorire l'addormentamento. Sembra essere troppo noioso; immaginare un paesaggio tranquillo funziona generalmente meglio.

La maggior parte delle persone brucia meno calorie mentre guardano la TV rispetto a quando sono addormentate.

L'uso di dispositivi elettronici nelle due ore prima di coricarsi può influenzare il sonno. Emettono luce blu che inganna il cervello facendogli pensare che sia giorno.

Gli esseri umani sono gli unici mammiferi che ritardano volentieri il sonno.

Mentre dormiamo, il cervello filtra selettivamente i rumori che potrebbero svegliarti durante il sonno - specialmente i rumori che non suggeriscono che sei in pericolo.

Altri fatti casuali sul sonno

Ci vogliono 7 minuti in media per addormentarsi.

Ogni figlio aggiuntivo in una famiglia aumenta del 46% il rischio che una madre soffra di privazione del sonno.

Le persone che perdono la loro capacità di vedere quando invecchianopossono ancora vedere nei loro

Per proteggere le loro acconciature eleganti, gli antichi egizi ricchi dormivano con supporti per il collo scomodi invece di cuscini.

La somnifobia è la paura di addormentarsi.

L'oneirofobia è la paura degli incubi o dei sogni.

La clinomania è l'irresistibile desiderio di rimanere accoccolati a letto tutto il giorno, mentre la disania è la sensazione quando ti sei appena svegliato e non vuoi davvero alzarti dal letto.

Prima che le sveglie fossero inventate, le fabbriche impiegavano persone per bussare alle finestre delle camere dei loro lavoratori con un lungo bastone, per assicurarsi che arrivassero al lavoro in orario.

Fatti casuali sul sonno negli animali

I koala possono dormire 18-20 ore al giorno.

Le lumache possono dormire per tre anni alla volta.

Le giraffe possono cavarsela con meno di 2 ore di sonno a notte in media.

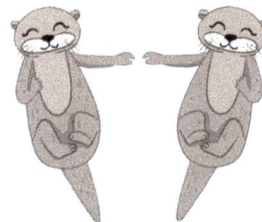

Le lontre marine dormono tenendosi per mano in modo da non allontanarsi l'una dall'altra.

Le mucche e altri animali zoccolati dormono in piedi.

I bradipi e i pipistrelli dormono appesi a testa in giù.

Gli animali notturni come opossum e wombat dormono durante il giorno.

Quando le balene e i delfini dormono, solo la metà del loro cervello si riposa per volta, in modo da poter venire in superficie per prendere aria.

I gatti dormono per il 70% della loro vita.

Altri titoli della serie "Fatti Casuali"

Il Libro dei Fatti Casuali sulle Automobili

STOP

Mark Malkoun

Pauline Malkoun

Il Libro dei Casuali Fatti sugli Aerei

Pauline Malkoun

Il Libro dei Fatti Casuali dello Spazio

Pauline Malkoun

Il Libro dei Fatti Casuali del Cervello

Pauline Malkoun

Il Libro dei Fatti Casuali sulla Lingua

Hello
Ciao
Hola
Hallo

Pauline Malkoun

www.ingramcontent.com/pod-product-compliance
Lightning Source LLC
Chambersburg PA
CBHW080428030426
42335CB00020B/2640